BEI GRIN MACHT SICH IHR WISSEN BEZAHLT

AF149840

- Wir veröffentlichen Ihre Hausarbeit,
  Bachelor- und Masterarbeit

- Ihr eigenes eBook und Buch -
  weltweit in allen wichtigen Shops

- Verdienen Sie an jedem Verkauf

Jetzt bei www.GRIN.com hochladen und kostenlos publizieren

Sebastian Ketting

Überlegungen zur Bedeutung des "Privilegium Minus"

GRIN Verlag

Bibliografische Information der Deutschen Nationalbibliothek:

Die Deutsche Bibliothek verzeichnet diese Publikation in der Deutschen National-
bibliografie; detaillierte bibliografische Daten sind im Internet über http://dnb.d-
nb.de/ abrufbar.

Impressum:

Copyright © 2010 GRIN Verlag, Open Publishing GmbH
Druck und Bindung: Books on Demand GmbH, Norderstedt Germany
ISBN: 978-3-640-74677-4

Dieses Buch bei GRIN:

http://www.grin.com/de/e-book/161434/ueberlegungen-zur-bedeutung-des-privi-
legium-minus

GRIN - Your knowledge has value

Der GRIN Verlag publiziert seit 1998 wissenschaftliche Arbeiten von Studenten, Hochschullehrern und anderen Akademikern als eBook und gedrucktes Buch. Die Verlagswebsite www.grin.com ist die ideale Plattform zur Veröffentlichung von Hausarbeiten, Abschlussarbeiten, wissenschaftlichen Aufsätzen, Dissertationen und Fachbüchern.

Besuchen Sie uns im Internet:

http://www.grin.com/

http://www.facebook.com/grincom

http://www.twitter.com/grin_com

TECHNISCHE
UNIVERSITÄT
DRESDEN

Institut für Geschichte

Lehrstuhl für Mittelalterliche Geschichte

Proseminar: Fürstliche Dynastien im deutschen Hochmittelalter

Seminararbeit:
Welche Bedeutung kann man dem Privilegium
Minus zumessen?

Abgabedatum:	28.09.2010
Verfasser:	Sebastian Ketting
Studiengang u. -fächer:	BA LA ABS Geschichte/ GRW
Fachsemester:	4.

Gliederung:

1. Einführende Bemerkungen..3

2. Welche Bedeutung kann man dem Privilegium Minus zumessen?........................4

2.1. Welfisch- staufischer Konflikt und Königsdesignation Friedrichs III. von
Schwaben. Die Entwicklungen vor der Königswahl 1152....................................4

2.2. Die Regelung des Anspruchs auf Bayern durch Friedrich Barbarossa.............7

2.3. Das Dokument der Beilegung des Konflikts und der Gründung des
Herzogtums Österreichs: Das Privilegium Minus...11

2.4. Bedeutungen und Auswirkungen des Privilegium Minus in der Praxis des 12.
Jahrhunderts 13

3. Beantwortung der Forschungsfrage 14

4. Literatur- und Quellenverzeichnis..16

1. Einführende Bemerkungen

Das Privilegium Minus: wörtlich übersetzt handelt es sich bei einem *Privilegium* um ein Ausnahmegesetz und wie im Folgenden beschrieben wird, trifft diese Bezeichnung dieser Urkunde als *Ausnahme* voll und ganz. Ein solches Gesetz wurde notwendig, weil die römisch-deutschen Könige im Hochmittelalter, besonders in militärischer Sicht, abhängig von ihren Vasallen, in dem Fall dem Herzog von Bayern waren. Damals bestand Bayern aus verschiedenen Teilen, unter anderem auch noch aus der damaligen Mark Österreich. Da die Lehensvergabe Bayerns, wie auch anderer Ländereien, demnach immer sehr stark vom derzeit aktuellen finanziellen, militärischen oder politischen Notstand des Königs abhängig war, wechselten die vom König Lehnsrechte speziell im 12. Jahrhundert ihre Besitzer. Dass bei der neuen Belehnung einer anderen Dynastie, wie 1156 der Welfen, das ehemalige Herrschergeschlecht der Babenberger in diesem Fall versucht, einen solchen territorialen Verlust, auch aus Gründen eines drohenden Ehrverlusts, zu verhindern, liegt auf der Hand.

Der damalige deutsche König Friedrich I., ab 1155 Kaiser, hatte das Herzogtum Bayern, als Bedingung für die Wahl dessen zum König, dem Welfen Heinrich III. von Sachsen zugesprochen. Problematisch an der Vergabe dieses Lehens war für Friedrich, dass das Herzogtum Bayern zu dieser Zeit noch dem babenberger Haus, in Person von Herzog Heinrich II. von Bayern gehörte.

Am Ende dieses Konflikts stehen die in der genannten Urkunde von 1156 enthaltenden Regelungen. Da es für das Verstehen und speziell für die Einordnung dieser Bestimmungen notwendig ist, die Vorgänge in den Jahren teilweise auch weit vor 1156 zu kennen, gehe ich ausführlich auf den welfisch- babenbergischen Konflikt ein, der durch das damalige Königshaus einerseits verursacht, andererseits immer wieder beschwichtigt wurde. Weiterhin sind natürlich die einzelnen Teile des Privilegium Minus und ihre Bedeutungen und Auswirkungen Thema dieser Arbeit, um letztendlich die Frage zu beantworten: Welche Bedeutung kann man dem Privilegium Minus zumessen?

Grundlegende Werke bei der Nachvollziehung dieses Konflikts sind die Werke von Görich „… damit die Ehre Österreichs nicht gemindert werde …", Pohls „Die Welt der Babenberger und Appelts „Privilegium Minus. Das staufische Kaisertum und die Babenberger in Österreich". Auf die einzelnen Bestimmungen des Privilegium Minus gehen unter anderem die verschiedenen Werke von Lechner, Maleczek und wiederum Appelt ein. Grundlegende Quelle, neben Abschriften des Dokuments an sich, sind die Aufzeichnung Otto von Freisings aus dieser Zeit. Erst im 19. Jahrhundert verbreitete sich durch die Forschungsergebnisse Alfons Hubers und Wattenbachs die breite Überzeugung in der Forschung, dass das Privilegium Maius eine Fälschung des Privilegium Minus von 1358-1365 des regierenden Erzherzogs von Österreich Rudolph IV. war und dieses daher keineswegs weiterhin eine Forschungsgrundlage darstellen kann. Immer wieder wurden von verschiedenen Historikern Vorwürfe der Interpolation laut, beispielsweise durch von Dungern bei der Gerichtsbarkeitsbestimmung und durch Erben bezüglich der libertas affectandi. Diese wurden jedoch nach und nach durch die wissenschaftliche Kritik zurückgewiesen.

2. Welche Bedeutung kann man dem Privilegium Minus zumessen?

2.1. Welfisch- staufischer Konflikt und Königsdesignation Friedrichs III. von Schwaben. Die Entwicklungen vor der Königswahl 1152

Ein Grund, nicht mit der Wahl des römisch-deutschen Königs Friedrich Barbarossas zu beginnen, sondern sich die Entwicklung innerhalb des Reichs noch unter seinem Vorgänger Konrad III zu betrachten, ist zunächst einmal die Designation Friedrichs III. von Schwaben[1] durch Konrad III.. Dokumentiert wird die Empfehlung Konrads an Friedrich, sich mit den betreffenden Fürsten deshalb in Kontakt zu setzen in der Chronica Regia Coloniensis: „ut pro regno sibi adquirendo principus loqueretur, suasit".[2] Zwar

---

[1] Der spätere König und Kaiser Friedrich I. „Barbarossa"
[2] Georgius Waitz (Hrsg.): Monumenta Germanaiae Historica. Chronica Regia Coloniensis, Hannover 1978, S. 88.

hatte diese mündliche Vorbestimmung seines späteren Nachfolgers keine staatsrechtlich bindende Autorität, jedoch lenkte es die Weichen, auch für die Wähler, entscheidend zu Gunsten Friedrichs. Daraus folgt, dass die Wähler des neuen römisch-deutschen Königs diesen im Prinzip schon wählen, sich diese Stimme aber dennoch so teuer wie möglich bezahlen lassen wollten.

Der deshalb *auszuhandelnde Preis* für die Stimme des sächsischen Herzogs Heinrichs III. lässt den Betrachter das Augenmerk darauf richten, welche Interessen der eben genannte Herzog im Vorfeld, schon unter Konrad III., hatte. Die Vorgeschichte begann schon 1138 als Konrad III. dem Welfen Heinrich dem Stolzen, also dem Vater Heinrichs des Löwen, zunächst das Herzogtum Sachsen und später gar das Herzogtum Bayern entzog. Der staufische Herrscher übertrug das Herzogtum Sachsen zwar 1142 wieder an den genannten Sohn Heinrichs des Stolzen, jedoch bestand durch den dauerhaften Verlust Bayerns enormes Konfliktpotenzial zwischen beiden Dynastien. Bayern fiel nämlich dem Babenberger Haus in Person von Leopold IV. und darauf folgend seinem Sohn Heinrich II. Jasomirgott zu.[3] Aus Rache für seinen Bruder griff daraufhin Welf VI. den neu belehnten Leopold IV. an und schlug ihn, woraufhin sich auch das Volk gegen ihren neuen Regenten auflehnte und es zu einem offenen Konflikt kam, der damit endete, dass mehrere Stadtviertel der Stadt Regensburg in Brand gesetzt wurden. Erst durch das Sammeln seiner Truppen in der nahen Umgebung der Stadt konnte sich Leopold IV., begeleitet von einer Geldzahlung, wieder bei der Bevölkerung den nötigen Respekt verschaffen. Die Rache Leopolds an Welf lies natürlich nicht lange auf sich warten, sodass erster einige Burgen auf dem Herrschaftsgebiet des Angreifers zerstörte. Auch die Heirat Heinrich II. Jasomirgotts mit der Witwe Heinrichs des Stolzen aus der welfischen Dynastie konnte anschließende Konflikte, die immer wieder durch Welf VI. angeheizt wurden, nicht verhindern.[4]

1147 begann Heinrich der Löwe dann selbst seine Bemühungen um das Herzogtum Bayern, in dem er öffentlich Ansprüche geltend machte. Auf dem

---

[3] Vgl. Görich, Knut: „… damit die Ehre Österreichs nicht gemindert werde …". Verfahren und Ausgleich im Streit um das Herzogtum Bayern 1152-1156, in: Schmid, Peter/ Wanderwitz, Heinrich (Hrsg.): Die Geburt Österreichs. 850 Jahre Privilegium Minus, 1. Auflage, Regensburg 2007, S. 23.
[4] Vgl. Pohl, Walter/ Vacha, Brigitte (Hrsg.): Die Welt der Babenberger. Schleier, Kreuz und Schwert, Graz/ Wien/ Köln 1995, S. 145f..

Reichstag in Frankfurt, der eigentlich unter friedlichen Vorzeichen angesichts des anstehenden Zweiten Kreuzzugs stehen sollte, forderte Heinrich der Löwe öffentlich das seinem Vater, moralisch gesehen, unrechtmäßig enteignete Bayern zurück. Der Konflikt spitzte sich daher zu, da diese Ansprüche zum einen die Lehensvergabe des Königs in Frage stellten und zum anderen weil König Konrad III. zusätzlich gegen Ende seiner Amtszeit einen Romzug plante und der mit Bayern begünstigte Stiefbruder des Königs, Heinrich Jasomirgott, zu den bedeutendsten Mitstreitern des Königs zählte.[5] Eine welfische Opposition, die die Aufteilung von Herzogtümern durch den König in Frage gestellt hätte und durch die Gewinnung Bayerns auch machtpolitisch ein enormes Gegengewicht während der geplanten Abwesenheit des römisch-deutschen Regenten dargestellt hätte, konnte zudem auch nicht im Interesse Konrads III. liegen. Die Versuche, zunächst justizieller, und nach deren Scheitern, militärischer Natur, wichtige Stützpunkte des welfischen Opponenten einzunehmen, zeigten keine Erfolge für den König. Da man zu dieser Zeit von einem Höhepunkt des staufisch-welfischen Konflikts sprechen kann, ist die Designation Friedrichs III. von Schwaben, des Sohnes der Welfin Judith, eine erste Annäherung beider Geschlechter.[6] Zudem bestand auch in das babenberger Haus eine genealogische Beziehung, denn durch Agnes, die Großmutter des designierten römisch-deutschen Königs, war er „ein Neffe der babenbergischen Brüder"[7].

Auf diese Art und Weise wird deutlich, dass das Aufsetzen dieses „kleinen Freiheitsbriefes" ihre Ursache bereits einige Jahre vor ihrer rechtskräftigen Wirkung besitzt. Wie Heinrich Appelt bemerkt, sind die Quellen zur damaligen Königswahl 1152 alles andere als besonders ausgiebig. Klar ist jedoch, bei all der quellenbezogenen Lückenhaftigkeit, dass fünf Tage nach dem Tod des geschiedenen römisch-deutschen Königs Konrad III. am 19. Februar 1152, also im Vorfeld der Wahl, mindestens eine Unterredung zwischen dem römisch-deutschen König in spé, Friedrich III. von Schwaben,

---

[5] Vgl. Appelt, Heinrich: Privilegium Minus. Das staufische Kaisertum und die Babenberger in Österreich, 2., durchgesehene Auflage, Graz 1976, S. 32f..
[6] Vgl. Appelt, Heinrich: Heinrich der Löwe und die Wahl Friedrich Barbarossas, in: Novotny, Alexander/ Pickl, Othmar (Hrsg.): Festschrift. Hermann Wiesflecker zum sechzigsten Geburtstag, Graz 1973, S. 45f..
[7] Görich, Ehre Österreichs, 2007, S. 23.

und den Bischöfen Gebhard von Würzburg und Eberhard von Bamberg stattgefunden hat. An dieser Stelle wird darauf hingewiesen, dass nicht mit absoluter Sicherheit klar ist, wann der Welfe Heinrich „der Löwe" zu den prominent besetzten Beratungsgremien für die Königswahl gestoßen ist. Dokumentiert ist, und daher auch die größtenteils einhellige Meinung in der Forschung, dass dieser Vetter des späteren Friedrichs Barbarossa bei der Krönung in Aachen anwesend war. Weiterhin belegt eine Königsurkunde für das Kloster Alteburg- Arnsburg, in der Heinrich in der Liste der genannten Zeugen direkt nach Friedrich auftaucht, dass Friedrich III. von Schwaben und Heinrich der Löwe Kontakt hatten. Die Vermutung, dass Henricus dux hier nicht auf Heinrich von den Löwen von Sachsen, sondern auf Heinrich Jasomirgott verweisen könnte, ist äußerst abwegig, denn dieser war nicht an der Königswahl beteiligt.[8]

Ein weiteres Indiz dafür, dass im Vorfeld der Königswahl Absprachen zwischen dem späteren Friedrich Barbarossa und Heinrich dem Löwen statt fanden, ist die nach der Königskrönung Barbarossas in seiner Anwesenheit ausgestellte Urkunde auf dem Merseburger Hoftag, in der sich Heinrich der Löwe „dux Bavariae et Saxoniae"[9] nannte. Bemerkenswert ist hierbei das Datum der Urkundenausstellung, nämlich der 18. Mai 1152, welches mehr als vier Jahre vor der offiziellen Überschreibung Bayerns an Heinrich den Löwen 1156 liegt, und zum anderen, dass sich Heinrich der Löwe, anders als bisher, in Gegenwart des Königs diesen Titel gab.

2.2. Die Regelung des Anspruchs auf Bayern durch Friedrich Barbarossa

Obwohl, wie beschrieben, die Entscheidung über die Vergabe Bayerns an Heinrich den Löwen schon entschieden war, ging Friedrich Barbarossa sehr diplomatisch mit dieser Angelegenheit um, damit in der Öffentlichkeit der Schein der allgemeinen Ehrenhaftigkeit erhalten blieb. Einerseits überging er vier Jahre lang den Herzog von Bayern durch die vorgezogene Herzogs- Betitelung Heinrichs des Löwen, andererseits erwies er auch Heinrich

---

[8] Vgl. Appelt, Heinrich der Löwe, 1973, S. 39-43.
[9] Görich, Ehre Österreichs, 2007, S. 24.

Jasomirgott bei einem Besuch in Regensburg 1152 noch die Ehre als *dux Bavariae* in einer Urkunde.

Zudem wäre ein *iudicum*, also ein Urteilsspruch Barbarossas, in rechtlicher Sicht kein Problem gewesen, denn dem König steht es frei, wen er belehnt, jedoch hätte dies großes öffentliches Aufsehen und einen Ehrverlust Heinrich Jasomirgotts erzeugt.[10] Um dies zu vermeiden, wollte er eine Einigung herbeiführen, die auf vertraulichen Verhandlungen basieren sollte. Um den Konflikt weiter zu besänftigen, setzte Barbarossa noch im Oktober des Jahres seiner Königskrönung einen Tag in Würzburg an, auf den beide beteiligten Herzöge geladen waren. Görich vermutet, dass Heinrich Jasomirgott ahnte, was ihn dort erwartete, denn für eine lediglich Zurückweisung der rechtlich wirklich illegitimen Anspruchsbekundungen Heinrich des Löwen hätte eine ausschließliche Einladung dessen zum römisch-deutschen König genügt. Dieser Theorie folgend hatte Heinrich Jasomirgott die Vermutung, dass es an diesem Tag um eine Verhandlung gehen sollte, in der sich in einer Position sah, die nur verlieren konnte. Wenn man dem sächsischen Herzog diesen sehr vorausschauenden Gedankengang zuschreibt, ist es nur allzu logisch, dass dieser kein Interesse an einer Verhandlung mit seinem Kontrahenten hatte und daher fern blieb.[11]

Im Juni 1153 erschien der bayerische Herzog zum Hoftag in Worms, auf dem Barbarossa die Verhandlungen nun doch beginnen lassen wollte. Die Verkündung eines Urteils im Namen des Königs durch Heinrich Jasomirgott zeigt das Bemühen Barbarossas um ihn, jedoch kam es zu keiner Verhandlung, weil Jasomirgott auf das Recht bestand, förmlich eingeladen zu werden, was der römisch-deutsche König in der Tat versäumt hatte. Gestützt auf diese Begründung, entzog eben dieser sich den Verhandlungen mit dem König. Ähnliches geschah auch auf den Hoftag in Regensburg im September und Speyer im Dezember, zumindest begründet Jasomirgott sein Verschwinden von Speyer mit dieser Argumentation.[12]

---

[10] Vgl. Althoff, Gerd: Spielregeln der Politik im Mittelalter. Kommunikation in Frieden und Fehde, Darmstadt 1197 S. 23.
[11] Vgl. Görich, Ehre Österreichs, 2007, S. 25f..
[12] Vgl. Görich, Ehre Österreichs, 2007, S. 27, zitiert nach: von Freising, Otto: Ottonis et Rahewini Gesta Friderici I. Imperatoris, II 9, S. 110.
Hoftag in Regensburg siehe: Appelt, 1976, S. 110.

Da, wie schon zu Zeiten seines Vorgängers, ein Romzug auf dem Plan stand und Heinrich dem Löwen das Bereitstellen bayerischer Kontingente nur bei zumindest einer Vorentscheidung zu Gunsten seiner Regentschaft als Herzog von Bayern realisierbar war, lud Friedrich I. beide Fürsten im Juni 1154 nach Goslar. Diesmal lag, laut Otto von Freising, erstmals eine förmliche Ladung vor, die das anstehende zu diskutierende Thema offen nannte.[13] Es wird nicht für Verwunderung sorgen, dass Heinrich Jasomirgott auch diesem Termin fern blieb. Da der König jedoch aus genannten Gründen auf eine Entscheidung drängen musste, sprach er noch im selben Jahr durch ein Urteil des fürstlichen Hofgerichts Bayern Heinrich dem Löwen zu. Zwar erfolgte noch keine Investitur, also Einweisung, in das Amt und seiner Eigentümer, doch der Welfe führte ab sofort den sächsischen und bayerischen Herzogstitel auf seinem Siegel. Der Schwebezustand und dass weitere beschwichtigende und vor allem *schlussendlich regelnde* Verhandlungen notwendig waren, dokumentiert sich darin, dass die königliche Staatskanzlei, trotz der Goslarer Entscheidung zu Gunsten des Welfen, eben diesem noch nicht den Titel *dux Bavariae* zugeschrieben hatte.[14]

Nach der Rückkehr des erwähnten Romzuges, der unter dem Zeichen der Kaiserkrönung Friedrichs stand, waren aufgrund des *Übergehens* des Babenbergers Heinrich selbstredend weitere Verhandlungen von Nöten, die jedoch bei Regensburg zunächst kläglich scheiterten. Bemerkenswert ist der Fakt, dass in den Quellen ausdrücklich die Gegend bei Regensburg und nicht die Stadt selbst erwähnt wird, wie Görich von Freising indirekt zitiert. Dies lässt darauf schließen, dass der Kaiser jegliches mögliches Aufsehen verhindern wollte, weil er mit Sicherheit um die absolute Brisanz dieser Angelegenheit wusste.[15]

Im Oktober 1155 wurde Heinrich Jasomirgott vor vollendete Tatsachen gestellt und Heinrich III. von Sachsen erfuhr die Huldigung des bayerischen Adels, was ihn faktisch somit in den Besitz brachte. Eine Entscheidung war demnach bereits gefällt; was dennoch fehlte war, soweit wie jetzt noch

---

[13] Vgl. Görich, Ehre Österreichs, 2007, S. 28, zitiert nach: von Freising, Otto: Ottonis et Rahewini Gesta Friderici I. Imperatoris, II 11, S. 112.
[14] Görich, Ehre Österreichs, 2007, S. 28f..
[15] Vgl. Görich, Ehre Österreichs, 2007, S. 29f..

möglich, eine Beschwichtigung des ehemaligen bayerischen Regenten.[16] Otto von Freising dokumentiert an dieser Stelle ausdrücklich die grußlose Trennung Kaiser Friedrichs und Heinrich Jasomirgotts. Aufgrund der damals sehr ernst genommenen Formalitäten, ist davon auszugehen, dass die Ablehnung beider *nun* öffentlich war.[17]

In Regensburg selber fand am 5. Juni 1156 wiederum ein Hoftag statt, in der die üblichen Zeremonien, wie Fahnenübergabe und Investitur, bereits inoffiziell stattfanden. Darauf lässt die Nennung Heinrichs des Löwen durch die kaiserliche Kanzlei als dux Bavariae schließen, die ohne eine solche Investitur, wie Görich vermutet, nicht vollzogen worden wäre. Die Entscheidung zu Gunsten Heinrich des Löwen war also gefallen und nicht wieder rückgängig zu machen, was für Kaiser Friedrich I. bedeutete, dass es spätestens nun einer endgültigen Regelung mit dem scheidenden bayerischen Herzog bedurfte. In Regensburg trafen sich die beiden Herrscher daraufhin erneut, wo der Kaiser den Druck auf Heinrich Jasomirgott final erhöhte und ihm die letzte Möglichkeit gab, sich wenigstens auf ein consilium, also einen Kompromiss, einzulassen, was auch Wirkung zeigte. Karl Lechner schreibt dazu: „Man darf als sicher annehmen, daß (sic) die Punkte der Vereinbarung und die Zugeständnisse an Herzog Heinrich, die dann in Kürze feierlich publiziert werden sollten, schon damals genau festgelegt worden waren."[18]

Wenig später, im September 1156, ließ Barbarossa diese Vereinbarungen, die Fahnenübergabe und das ehrenhafte, freiwillige Handeln Heinrich Jasomirgotts wirksam inszenieren, bei der das vorhergegangene iudicium des Kaisers keine Erwähnung fand, um kein Öl in das versiegende Feuer zu gießen. Zudem wird beispielsweise von Appelt, aber auch von Görich vermutet, dass diese Zeremonie bereits im Oktober des vergangenen Jahres statt fand, was in der Geschichte kein Einzelfall wäre.[19] Dass dieser gesamte Vorgang ganze 4 Jahre, nach der Königswahl Friedrichs I. 1152, auf sich warten lies, schreibt Walther Pohl eher dem fehlenden

---

[16] Vgl. Appelt, Privilegium Minus, 1976, S. 36.
[17] Vgl. Görich, Ehre Österreichs, 2007, S. 30, zitiert nach: von Freising, Otto: Ottonis et Rahewini Gesta Friderici I. Imperatoris, II 42, S. 150.
[18] Lechner, Karl: Die Babenberger. Markgrafen und Herzoge von Österreich 976-1246, Graz/Wien 1985, S. 152.
[19] Görich, Ehre Österreichs, 2007, S. 31f..

Durchsetzungsvermögen Friedrichs als einem Fehlverhalten Heinrich Jasomirgotts zu[20], der ‚wie beschrieben, ein einigen Stellen behutsamer mit dem scheidenden Herrschers Bayerns umging.

2.3. Das Dokument der Beilegung des Konflikts und der Gründung des Herzogtums Österreichs: Das Privilegium Minus

Nach diesem doch sehr langwierigen Streit, lohnt es sich, sich die konkreten Bestimmungen im Privilegium Minus einmal genau zu betrachten. Leider ist das Original „der Fälschungsaktion Rudolphs IV. zum Opfer gefallen"[21], doch mehrere Abschriften, selbst die älteste in einem verhältnismäßig passablen Zustand, sind noch erhalten.

Wie es für mittelalterliche Urkunden üblich ist, verfügt diese Urkunde über die gängigen Redewendungen: Zunächst erfolgt die Invocatio, um sicher zu stellen, dass das Folgende mit Gottes Willen geschah. Nach der Verkündungsformel werden die Beteiligten genannt, wobei noch einmal auf Mariä Geburt und die besondere Religiosität und Rechtschaffenheit aller, auch der unbeteiligten Fürsten, erwähnt wird. Somit ist das Privilegium Minus also ein Produkt gottesfürchtiger Menschen, an einem gottesfürchtigen Tag, welches aus Gottes Willen heraus entstand. Warum diese Urkunde entsteht, wird ebenfalls im Protokoll genannt und ist ebenso, von einem religiösen Standpunkt her, nicht nur notwendig, sondern äußerst erstrebenswert; es wird nämlich ein Rechts*streit beigelegt*. Bemerkenswert ist, dass sich der Ehrverlust, der durch die letztendlichen Beschlüsse formal nicht statt fand, auch in der Urkunde nicht widerspiegelt. Heinrich Jasomirgott wird bei der Abtretung Bayerns bereits Herzog von Österreich genannt, was der Nachwelt vermittelt, dass ein Ehrverlust des Babenbergers nicht für auch nur *eine einzige Sekunde* statt fand. Natürlich wird die Einigung im Text vollkommen auf die Basis von vetterlicher Einigkeit gestellt. Rechtsinhalt ist die freiwillige Abgabe Bayerns durch den Babenberger, welches sofort durch den Kaiser

---

[20] Vgl. Pohl, Walther, Welt der Babenberger, 1995, S. 152.
[21] Maleczek, Werner: Das Privilegium Minus. Diplomatische Gesichtspunkte, in: Schmid, Peter/ Wanderwitz, Heinrich (Hrsg.): Die Geburt Österreichs. 850 Jahre Privilegium Minus, 1. Auflage, Regensburg 2007, S. 111.

als Lehen an Heinrich den Löwen geht. Zudem wird die Abtrennung der Mark Österreich von Bayern durch den Kaiser erwähnt, welche sofort von demselben zu einem Herzogtum umgewandelt und als Lehen an Heinrich Jasomirgott und seine Frau gegeben wird. Zudem wird kein Unterschied zwischen dem belehnten neuen Herzogs Österreichs und seiner Frau gemacht, sowie vollkommene Freiheit der Vergabe bei Kinderlosigkeit gewährt wird. Die Gerichtsbarkeit wird ihm überschrieben; auch Hoftagen außerhalb Bayerns darf dieser fern bleiben und auch auf die eigentlich unabdingbar obligatorische Heerfolge wird durch Kaiser Friedrich I. verzichtet. Selbstverständlich endet im Anschluss daran die Reihe der Außergewöhnlichkeiten, denn es folgt das übliche Ende des gängigen Protokolls mit der Nennung des Siegels, natürlich namentlich erwähnter, gottesfürchtiger Zeugen, dem Eschatokoll, samt Subscriptiones, Datierung auf den 17. September und dem Segenswunsch, der ‚zusammen mit der Anrufung Gottes zu Beginn, wie immer den göttlichen Rahmen um diesen durch Menschen ausgeführten Beschluss darstellt.[22]

Interessant sind bei der Betrachtung dieser Vorgänge zudem die Tage der Zusammentreffen, auf die Kaiser Friedrich I. anscheinend besonderen Wert legt. Der Hoftag im Juni fand während den Pfingsttagen statt, während die feierliche Zeremonie am 8. September äußerst glücklicherweise auf „Mariä Geburt"[23]. Diese äußerst lang diskutierte Entscheidung wurde damit göttlich legitimiert, denn wichtige Eckdaten sind die Geburt der Heiligen Jungfrau Maria, der Mutter Jesus`, und Pfingsten, an dem Gott den Heiligen Geist an die Jünger auf der Erde sandte. Der Hintergedanke dahinter war, dass an solchen Tagen *nur* religiöse bzw. Akte im Namen Gottes geschehen.

Vollkommen außergewöhnlich am besagten Privilegium Minus war demzufolge nicht die Belehnung eines Welfen mit Bayern, sondern die vom Kaiser angenommenen Bedingungen unter denen Heinrich Jasomirgott bereit war, dies auch zu akzeptieren. Die Pflicht, an Hoftagen außerhalb Bayerns anwesend zu sein ist folglich eine der Bedingungen, die Jasomirgott

---

[22] Wortlaut des Privilegium Minus in Latein und deutsche Übersetzung siehe: Appelt, Heinrich: Privilegium Minus. Das staufische Kaisertum und die Babenberger in Österreich, 2., durchgesehene Auflage, Graz 1976, S. 96-99.

[23] Opll, Ferdinand: Die Regelung der bayerischen Frage 1156, in: Schmid, Peter/ Wanderwitz, Heinrich (Hrsg.): Die Geburt Österreichs. 850 Jahre Privilegium Minus, 1. Auflage, Regensburg 2007, S. 58.

als geschiedener bayerischer Herzog nicht mehr Willens war zu akzeptieren. Die rechtliche Trennung Österreichs von Bayern, zu der demzufolge auch die Verfügung der Gerichtsbarkeit zählt, sind Folgen der endgültigen, auch lehensrechtlichen, Trennung des österreichischen Gebietes von Bayern.[24]

2.4. Bedeutungen und Auswirkungen des Privilegium Minus in der Praxis des 12. Jahrhunderts

Interessant ist nun, noch einmal etwas tiefer zu untersuchen, was die Bestimmungen des Privilegium Minus in der Realität bedeuten, bzw. wie sie sich auswirkten. Die absolut grundlegendste Änderung, die eben diese Urkunde festlegt, ist die Beendigung des Abhängigkeitsverhältnisses der ehemaligen Mark Österreichs von Bayern. Bezüglich der Festlegungen, die sich nicht auf territoriale Ansprüche und Erhebungen beziehen, darf man hier von einer außergewöhnlichen Urkunde des Mittelalters sprechen, denn zum einen wird auch die Frau Heinrich Jasomirgotts belehnt. Da allgemein bekannt ist, dass die Frau im Mittelalter, auch im *Hoch*mittelalter noch nicht, sonst nicht durch Belehnung in eine so hohe Position erhoben wird, ist diese ausdrückliche Nennung der Herzogin Theodora mehr als außergewöhnlich. Auch das Recht der weiblichen Erbfolge, im Fall eines Vollzugs der Ehe ohne männlichen Nachkommen, wird dem neu eingesetzten österreichischen Herzogspaar eingeräumt.

Eine absolute Einzigartigkeit bis dahin ist zum anderen die „libertas affectandi"[25], welches dem Herrscherpaar bei Kinderlosigkeit zugesteht, einen beliebigen Nachfolger zu bestimmen. In allen anderen derartigen Fällen des Mittelalters steht es dem römisch-deutschen König zu, das betreffende Lehen im Regelfall an einen Kandidaten seiner Wahl zu vergeben und daraus Kapital zu schlagen. Besonders bedeutend ist dieses Recht der Bestimmung des Nachfolgers bei Kinderlosigkeit, weil dieses Vorbild für spätere Urkunden war, die zwischen dem Königshaus und Dynastien ausgestellt wurden.

---

[24] Vgl. Appelt, Heinrich: Die Babenberger und das Imperium im 12. Jahrhundert, in: Zöllner Erich: Das babenbergische Österreich 976-1246, Wien 1978, S. 46f..
[25] Lechner, Die Babenberger, 1985, S. 156.

13

Den Hoftagen außerhalb Bayerns fern bleiben zu dürfen, mag manchem möglicherweise als Lappalie erscheinen, ist jedoch aus folgendem Grund auch durchaus bemerkenswert: Als Lehensmann des Königs bzw. Kaisers ist man Vasall dessen und muss diesem, wann immer es nur möglich ist die notwendige Ehrerbietung erweisen. Zwar hat Heinrich Jasomirgott beispielsweise beim Italienzug Barbarossas 1158, ohne die Pflicht dies zu tun, teilgenommen, jedoch hätte es ihm zugestanden, auf die Teilnahme und die damit verbundenen Kosten zu verzichten.[26]

Obwohl die Adeligen in den verschiedenen Landesteilen durch Gewohnheitsrecht immer noch die Hoheit in den Gerichtsbezirken hatten, besaß der Gerichtsbarkeitspassus innerhalb der Urkunde doch insofern eine tiefere Bedeutung, dass, seit Ausstellung dieser Urkunde, keine neuen Gerichtsbezirke durch Adelige ohne Erlaubnis des Herzogs angemeldet werden durften. Die Auswirkungen im justiziellen Bereich machten sich demnach also nicht unmittelbar, sondern erst im Laufe der Zeit bemerkbar, als die Gewohnheitsrechte der regionalen Herrscher nach und nach verschwanden. Zudem fand durch die Regelung der Gerichtsbarkeit eine territoriale Vereinheitlichung von Land und Herzogtum statt.[27]

3. Beantwortung der Forschungsfrage

Um es gleich einmal vorweg zu nehmen: Das Privilegium hat aus vielerlei Gründen eine enorme geschichtliche Bedeutung. Zuerst ist es aus der heutigen österreichischen Sicht die Abtrennung der bloßen Mark Österreich von Bayern, die mit diesem Akt zudem den Status des Herzogtums erlangte; ein Status, der nicht nur eine Erhöhung des Stellenwertes Österreichs bedeutete, sondern außerdem eine Gleichstellung mit dem ehemaligen größeren Herrschaftsbereich dessen, Bayern, war.

Zweitens ist dieser Urkunde von 1156 große Wichtigkeit zuzumessen, da sie den jahrelangen Streit zweier Dynastien befriedet, die durch Heiratspolitik und Mitteln militärischer Natur versuchten, ihren Anspruch auf Bayern zu festigen oder immer wieder neu geltend zu machen. Eine Regelung

---

[26] Vgl. Appelt, Die Babenberger, 1978, S. 50.
[27] Vgl. Lechner, Die Babenberger, 1985, S. 157f.f.

bezüglich Bayerns, die lediglich eine Belehnung Heinrichs des Löwen beinhaltet hätte, hätte garantiert zu einem militärischen Konflikt geführt, der nur durch eine gar nicht groß genug einzuschätzende militärische Operation Friedrichs I. beendet hätte beendet werden können. So gesehen ist dem Kaiser die Regelung zwar, durch seinen Willen eine friedliche Lösung herbeizuführen, erst nach vier Jahren geglückt, jedoch war der schwelende Streit beider Dynastie der *ganz* große Sprengstoff genommen worden.

Das Privilegium Minus ist aber bei der unendlichen Fülle von mittelalterlichen Urkunden und Dokumenten eines mit hervorgehobener Bedeutung, auch, weil die Inhalte, und damit sind die enormen Zugeständnisse an die Babenberger gemeint, in ihren einzelnen Inhalten und solch umfangreicher Form im deutschen Mittelalter bis dahin einzigartig waren. Obwohl die Regelungen im Privilegium Minus faktisch einen enormen territorialen Verlust für das Haus der Babenberger bedeuten, sind die für diese Dynastie entstehenden Privilegien besonders zu betonen. Die Belehnung der Ehefrau Heinrich Jasomirgotts, die weibliche Erbfolge und das Recht, im Falle einer kinderlosen Ehe den Nachfolger, wenn auch nur einmal, ohne eine Regelung des Königs zu finden stellen aus meiner Sicht einen enormen Fortschritt in einer Welt dar, in der der König über seine Untertanen und Männer über Frauen eine gesellschaftlich und politisch weit überragende Rolle inne hatten. Mit Sicherheit war die Motivation des deutschen Kaisers Friedrich, diese Zugeständnisse zu machen, nicht solcher Natur, aber betrachtet man nur die Ergebnisse, sind diese als äußerst fortschrittlich zu bewerten. Weiterhin büßt der deutsche Kaiser an dieser Stelle für Österreich das Recht der Gerichtsbarkeit und des Heerbanns ein, was auch langfristig, im Gegensatz zur ausschließlichen Bestimmung des neuen österreichischen Herzogs durch Heinrich Jasomirgotts selbst, einen Verlust der Macht des Kaisers über dieses Territorium bedeutete.

4. Literatur- und Quellenverzeichnis

Literatur:

Appelt, Heinrich: Heinrich der Löwe und die Wahl Friedrich Barbarossas, in: Novotny, Alexander/ Pickl, Othmar (Hrsg.): Festschrift. Hermann Wiesflecker zum sechzigsten Geburtstag, Graz 1973, S. 39-48.

Appelt, Heinrich: Privilegium Minus. Das staufische Kaisertum und die Babenberger in Österreich, 2., durchgesehene Auflage, Graz 1976.

Appelt, Heinrich: Die Babenberger und das Imperium im 12. Jahrhundert, in: Zöllner Erich: Das babenbergische Österreich 976-1246, Wien 1978, S. 43-53.

Althoff, Gerd: Spielregeln der Politik im Mittelalter. Kommunikation in Frieden und Fehde, Darmstadt 1197.

Görich, Knut: „… damit die Ehre Österreichs nicht gemindert werde …". Verfahren und Ausgleich im Streit um das Herzogtum Bayern 1152-1156, in: Schmid, Peter/ Wanderwitz, Heinrich (Hrsg.): Die Geburt Österreichs. 850 Jahre Privilegium Minus, 1. Auflage, Regensburg 2007, S. 23-35.

Lechner, Karl: Die Babenberger. Markgrafen und Herzoge von Österreich 976-1246, Graz/Wien 1985.

Maleczek, Werner: Das Privilegium Minus. Diplomatische Gesichtspunkte, in: Schmid, Peter/ Wanderwitz, Heinrich (Hrsg.): Die Geburt Österreichs. 850 Jahre Privilegium Minus, 1. Auflage, Regensburg 2007, S. 103-141.

Opll, Ferdinand: Die Regelung der bayerischen Frage 1156, in: Schmid, Peter/ Wanderwitz, Heinrich (Hrsg.): Die Geburt Österreichs. 850 Jahre Privilegium Minus, 1. Auflage, Regensburg 2007, S. 37-75.

Pohl, Walter/ Vacha, Brigitte (Hrsg.): Die Welt der Babenberger. Schleier, Kreuz und Schwert, Graz/ Wien/ Köln 1995.

Quellen:

Von Freising, Otto: Ottonis et Rahewini Gesta Friderici I. Imperatoris, II 9.

Georgius Waitz (Hrsg.): Monumenta Germanaiae Historica. Chronica Regia Coloniensis, Hannover 1978.